Lernkrimi Italienisch

La strada del delitto

Autor: Mattan

Illustrator: Thilo Krapp

Lernkrimi-Comics erhältlich in vier weiteren Sprachen:

ISBN 978-3-8174-1995-1

ISBN 978-3-8174-1996-8

ISBN 978-3-8174-1997-5

ISBN 978-3-8174-2087-2

Vokabeltraining inklusive!

Lerne die Vokabeln zum Buch - mit phase6, Deutschlands führendem Vokabeltrainer.*

www.phase6.de/s/a2264

Die Nr. 1 unter den Vokabeltrainern

* Bereitstellung als Vokabelpaket über phase6. Das erste Vokabelpaket des Compact Verlages wird kostenlos bereitgestellt. Nutzbar über Computer sowie Smartphones und Tablets mit Android/iOS.

Baierbrunner Straße 27, 81379 München
Ausgabe 2018

Redaktion: Isabella Bergmann
Fachkorrektur: Alessandra Felici Puccetti
Kolorierung: Mirjam Lang (Milano alla moda, La strada del delitto);
Kaydee Artistry (Mistero sul Lago di Garda)
Produktion: Ute Hausleiter
Lernkrimi-Logo: Carsten Abelbeck
Gestaltung: textum GmbH
Umschlaggestaltung: red.sign GbR, Stuttgart

ISBN 978-3-8174-1998-2
381741998/1

www.compactverlag.de, www.lernkrimi.de, www.facebook.com/lernkrimi

Vorwort

Liebe Leserin, lieber Leser,

sicher zum Lernerfolg – mit Spaß und Spannung! Die Compact Lernkrimis mit ihrer Kombination aus fesselnder Lektüre und didaktischem Übungsanteil eignen sich hervorragend, um breite Sprachkompetenzen in der Fremdsprache zu erwerben. Der Lernende wird dabei durch die spannende Handlung, das angemessene Sprachniveau und den stetig ansteigenden Schwierigkeitsgrad der Übungen gefördert und motiviert. Entwickelt nach neuesten Erkenntnissen der Fremdsprachendidaktik sind Compact Lernkrimis das ideale Medium für einen Lernerfolg im Selbststudium. Durch die kleinen Texteinheiten und den hohen Übungsteil sind sie aber auch als Unterrichtslektüre bestens geeignet.

So lernen Sie mit Compact Lernkrimi-Comics:

- **Mit Begeisterung lernen:** Die packende Krimihandlung motiviert Sie beim Lesen des italienischen Originaltextes.
- **Wissen intensivieren und erweitern:** Durch die Kombination aus didaktisch aufbereiteter Lektüre und textbezogenen Übungen testen und trainieren Sie Ihre Sprachkenntnisse effektiv. Vokabelangaben auf jeder Seite unterstützen Sie beim Lesen.
- **Systematisch lernen:** Knüpfen Sie an Ihr individuelles Sprachniveau an und setzen Sie eigene Lernziele.
- **Visuelles Lernen:** Inhalte einfacher verstehen durch anschauliche Illustrationen.
- **Unabhängig sein:** Lernen Sie individuell – wo und wann immer Sie wollen.

Viel Spaß beim **spannenden Erlernen der italienischen Sprache**
wünscht Ihnen

Prof. Dr. Christiane Neveling
Didaktik der romanischen Sprachen, Universität Leipzig

Das Ermittlerteam

Edoardo De Filippi

Kommissar Edoardo De Filippi ist einer der erfolgreichsten Ermittler Italiens, der nicht nur in Rom im Einsatz ist, sondern auch zu besonders kniffligen Fällen auf der ganzen Halbinsel hinzugerufen wird. Seinen Beruf übt er mit viel Elan und großer Leidenschaft aus, denn er hat einen ausgeprägten Sinn für Gerechtigkeit. Sein Erfolgskonzept? Er verlässt sich auf seinen scharfen Ermittlerinstinkt, der ihn nur selten im Stich lässt. Weniger Glück hat De Filippi bei der Suche nach der richtigen Frau im Leben, denn außer seiner Mutter, die ihn mehrmals täglich anruft, um sich nach seinem Wohlbefinden zu erkundigen, hat er kein weibliches Wesen an seiner Seite außer Salsiccia.

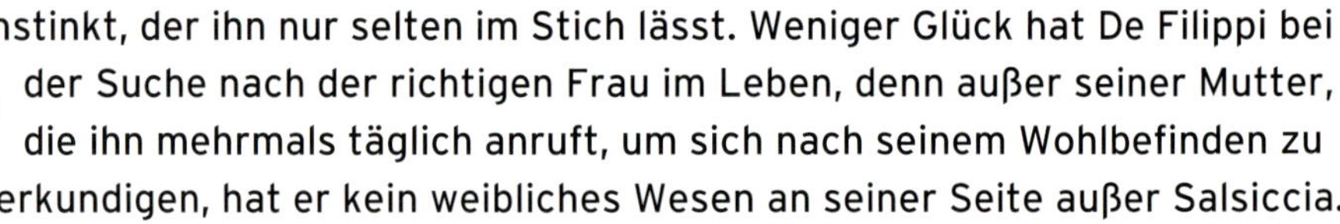

Salsiccia

Seitdem der Kommissar den Hund als Welpen aus einer Mülltonne gerettet hat, sind die beiden ein unzertrennbares Paar. Die quirlige Mischlingshündin folgt ihrem Herrchen auf Schritt und Tritt. Ohne den vierbeinigen Begleiter geht der Kommissar zu keinem Tatort, denn Salsiccia hat mit ihrer Spürnase immer den richtigen Riecher.

Inhalt

Milano alla moda 5
Mistero sul Lago di Garda 26
La strada del delitto 47
Test finale 68
Soluzioni 73
Glossario 76

Milano alla moda

Che bello, Salsiccia! Siamo fortunati a essere stati invitati alla *Fashion Week* di Milano da Laurina, mia cugina... Ora fa la modella, non la vedo da quando era bambina!

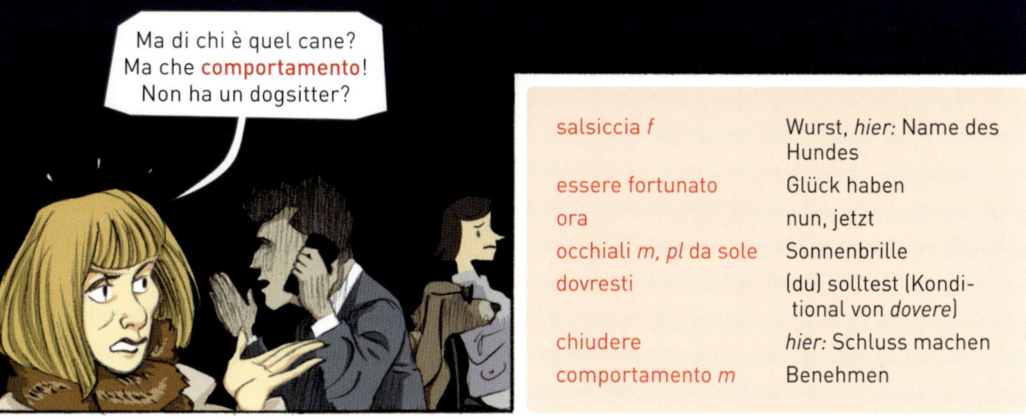

salsiccia *f*	Wurst, *hier:* Name des Hundes
essere fortunato	Glück haben
ora	nun, jetzt
occhiali *m, pl* da sole	Sonnenbrille
dovresti	(du) solltest (Konditional von *dovere*)
chiudere	*hier:* Schluss machen
comportamento *m*	Benehmen

disgustoso	geschmacklos
Zitto!	Ruhe!
famoso	berühmt, bekannt
mi/a me pare	mir scheint
Fermi!	Halt! Stop!
sfilata *f*	Modenschau

antipatico	unsympathisch
ϟ Che barba!	So etwas Ödes!
avvelenare	vergiften
caso *m*	Fall
simile	ähnlich
geloso	eifersüchtig
esperienza *f*	Erfahrung
essere impressionato	beeindruckt sein

uccidere	umbringen
gelosia *f*	Eifersucht
litigare	streiten
bugiarda *f*	Lügnerin
assassina *f*	Mörderin
dichiarare qc. in arresto	jmd. verhaften
entrambe	alle beide
indagare	ermitteln
prova *f*	Beweis
traccia *f*	Spur
veleno *m*	Gift

mentire	lügen
bugia *f*	Lüge
compreso	inbegriffen
giurare	schwören
nominare	erwähnen
sacro	heilig
firmare	unterschreiben
sia	*hier:* werde; sei (Konjunktiv von *essere*)
↯ non ti importa (di)	*hier:* macht dir ... nichts aus
lassativo *m*	Abführmittel
↯ fregarsene	auf etw. pfeifen
fidanzato *m*	fester Freund
minorenne	minderjährig

ovunque	überall
allontanare	entfernen
proprio	genau, gerade
↯ sono affari suoi	das ist ihre Sache
andarsene	fortgehen, weggehen

aiutare	helfen
innamorarsi	(sich) verlieben
alano *m*	Dogge
attrice *f*	Schauspielerin
avessi notato	(du) hättest bemerkt (Konjunktiv von *notare*)
nel senso	im Sinne von
colpevole	schuldig
dividere	teilen
parrucchiere *m*	Friseur

strano	komisch
superficiale	oberflächlich
fama *f*	Ruhm
magari	vielleicht, möglicherweise
Aiuto!	Hilfe!

difendere	verteidigen
forbici *f, pl*	Schere
frugare	stöbern, kramen
ciuffo *m*	Haarbüschel
mollare	loslassen
interrogare	befragen
testimone *m/f*	Zeuge

Edoardo, finalmente!
Non vedevo l'ora
di incontrarti...

È bellissima...

Mi dovevi dire
qualcosa di
importante su
Laurina...

Sì, andiamo insieme dal
parrucchiere. È il posto
dove lavora Robertuccio.
Si spettegola tanto lì.

↯ cagnaccio *m*	(oller) Köter
scelta *f*	Wahl
diavolo *m*	Teufel
celebrità *f*	Berühmtheit
non vedere l'ora	es nicht erwarten können
spettegolare	klatschen, tratschen

sconto *m*	Ermäßigung
avremo	(wir) werden haben (Futur von *avere*)

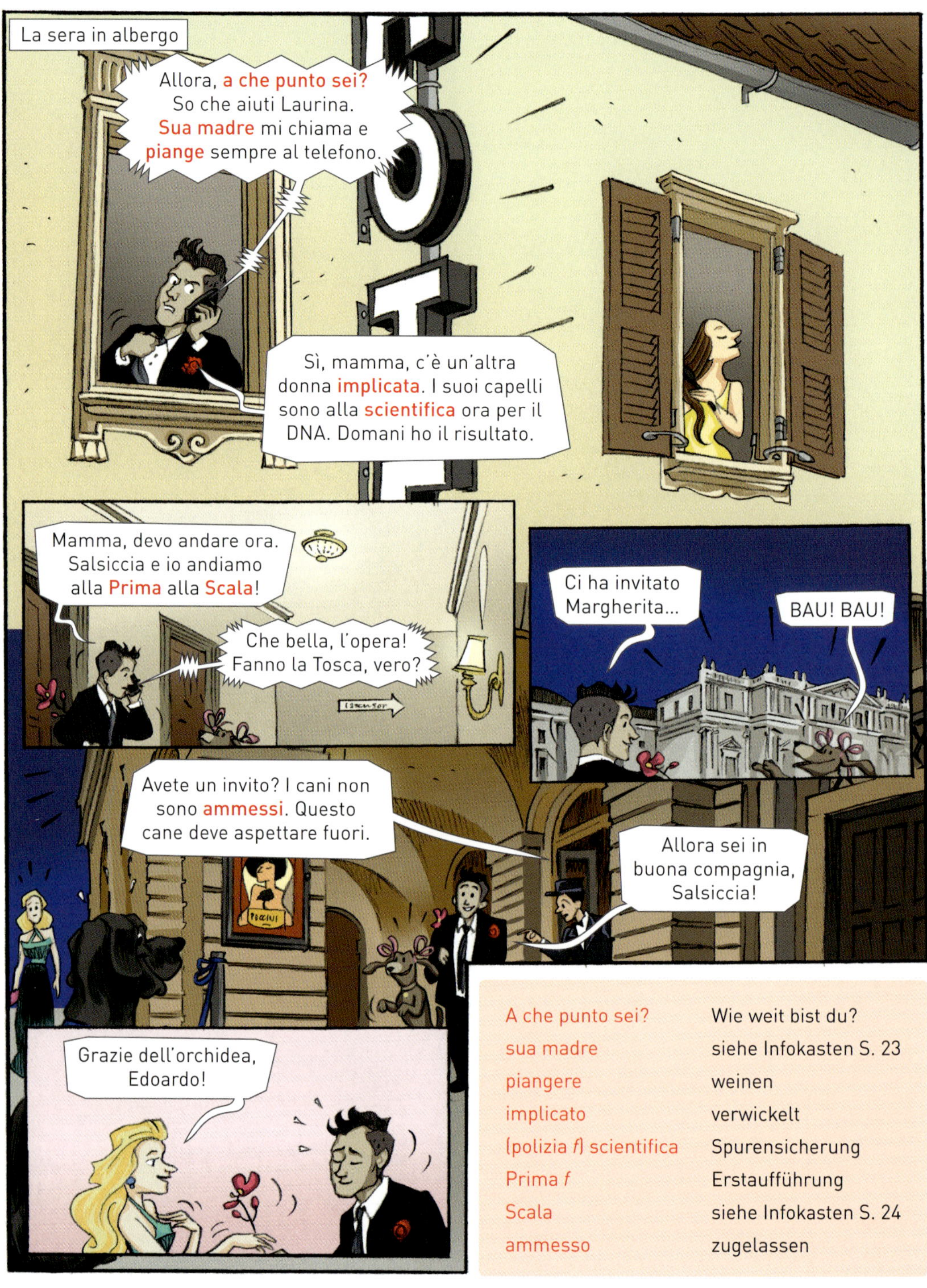

A che punto sei?	Wie weit bist du?
sua madre	siehe Infokasten S. 23
piangere	weinen
implicato	verwickelt
(polizia *f*) scientifica	Spurensicherung
Prima *f*	Erstaufführung
Scala	siehe Infokasten S. 24
ammesso	zugelassen

uscissimo	(wir) weggegangen sind (Konjunktiv von *uscire*)
respirare	atmen
accoltellare	niederstechen
stampella *f*	Krücke
Ahia!	Aua!

Bel colpo!	Gut gemacht! Gut gekämpft!
odiare	hassen
confermare	bestätigen

Salsiccia, mi fai venire il mal di testa!
Guarda qui, Salsiccia, ho un bel würstel per te…
Ma cosa fai?
Non ti basta quello che ti ho dato? Cerchi anche i resti dei würstel di ieri?
Sì, Salsiccia li ama! Per questo porta questo nome e per questo è grassa!

stupendo	bezaubernd
sincero	ehrlich
cotoletta *f* alla milanese	Wiener Schnitzel
gassato	mit Kohlensäure versehen
risotto *m* alla milanese	Risotto mit Safran

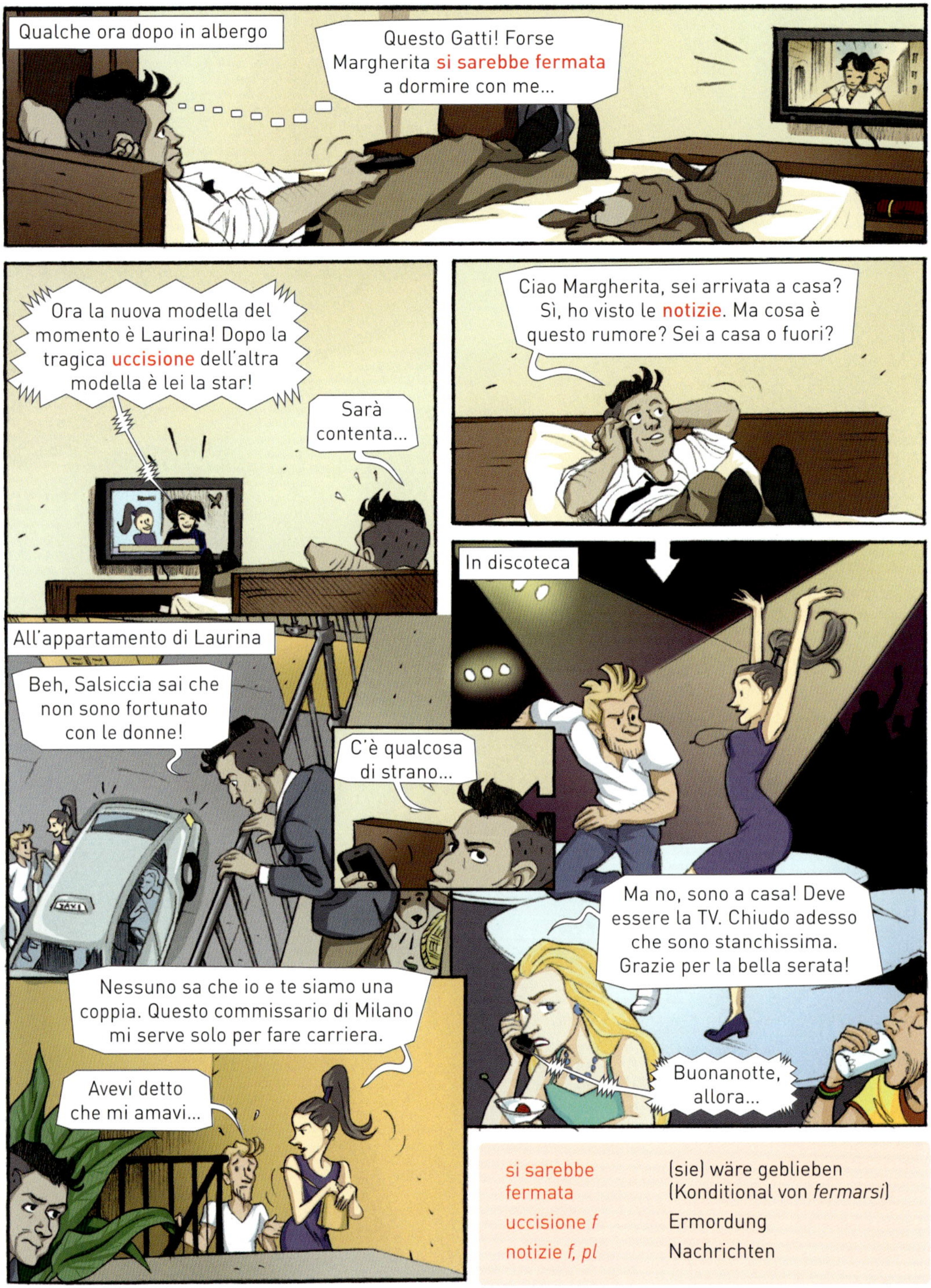

Ora la nuova modella del momento è Laurina! Dopo la tragica uccisione dell'altra modella è lei la star!

Sarà contenta...

Ciao Margherita, sei arrivata a casa? Sì, ho visto le notizie. Ma cosa è questo rumore? Sei a casa o fuori?

In discoteca

Ma no, sono a casa! Deve essere la TV. Chiudo adesso che sono stanchissima. Grazie per la bella serata!

C'è qualcosa di strano...

Buonanotte, allora...

All'appartamento di Laurina

Beh, Salsiccia sai che non sono fortunato con le donne!

Nessuno sa che io e te siamo una coppia. Questo commissario di Milano mi serve solo per fare carriera.

Avevi detto che mi amavi...

si sarebbe fermata	(sie) wäre geblieben (Konditional von *fermarsi*)
uccisione *f*	Ermordung
notizie *f, pl*	Nachrichten

guarda caso	so ein Zufall
confessare	gestehen
perfino	sogar
bustina *f*	Beutel
immondizia *f*	Abfall
raccontare	erzählen
addormentarsi	einschlafen
Mi raccomando!	Denk daran!

Esercizi

Chi è chi? Wie heißen die Personen von *Milano alla moda*? Schreiben Sie die Namen unter die Bilder.

1. ______________

2. ______________

3. ______________

4. ______________

5. ______________

6. ______________

7. ______________

Plurale. Setzen Sie die unten stehenden Wörter in den Plural. Achten Sie auf die richtige Endung der dazugehörigen Adjektive bzw. Partizipien.

1. la modella famosa ______________
2. la moglie gelosa ______________
3. il caso simile ______________
4. il politico conosciuto ______________
5. il problema risolto ______________

Parole mancanti. Lesen Sie den unten stehenden Text und setzen Sie die passenden Wörter in die Sprechblase ein.

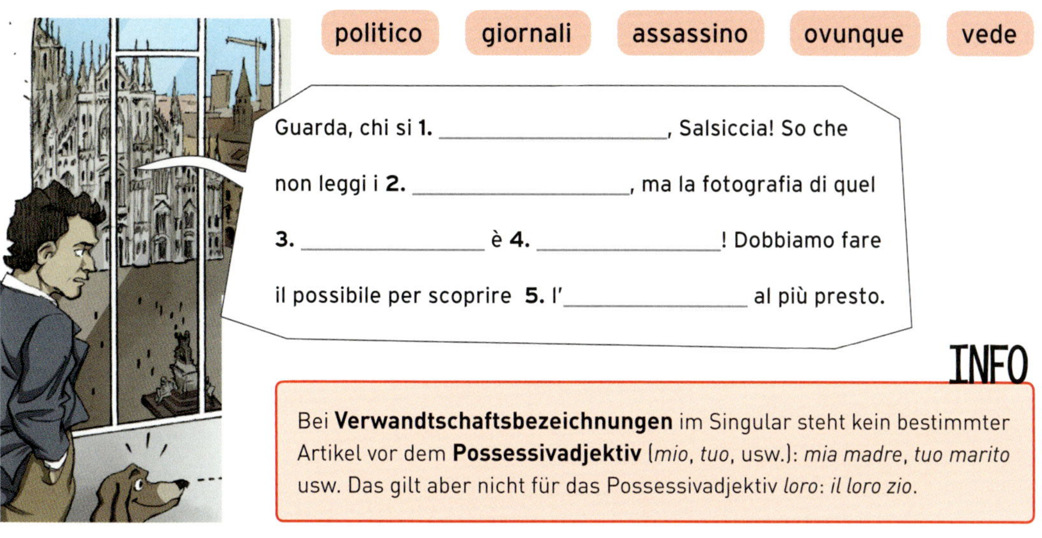

politico | giornali | assassino | ovunque | vede

Guarda, chi si **1.** ____________, Salsiccia! So che non leggi i **2.** ____________, ma la fotografia di quel **3.** ____________ è **4.** ____________! Dobbiamo fare il possibile per scoprire **5.** l'____________ al più presto.

INFO

Bei **Verwandtschaftsbezeichnungen** im Singular steht kein bestimmter Artikel vor dem **Possessivadjektiv** (*mio*, *tuo*, usw.): *mia madre*, *tuo marito* usw. Das gilt aber nicht für das Possessivadjektiv *loro*: *il loro zio*.

Al ristorante. Der Kommissar und Margherita sitzen im Restaurant und möchten ihre Bestellung aufgeben. Kreuzen Sie die passende Antwort an.

1. Buonasera! Volete ordinare?
- ❑ a) Sì, grazie. Io vorrei un risotto alla milanese.
- ❑ b) Sì, grazie. Vorrei un tavolo per due.

2. Signora, vuole qualcosa da bere?
- ❑ a) Sì, grazie, prendo il menù con il pesce.
- ❑ b) Il vino della casa, per favore.

3. Volete anche un dolce?
- ❑ a) Volentieri. Per me la pasta alle mandorle.
- ❑ b) Per me la pasta al pomodoro.

4. Desiderate altro?
- ❑ a) No, grazie, va bene così. Il conto, per favore.
- ❑ b) No, grazie, non va bene.

INFO

In einem Restaurant in Italien ist es üblich, dass das *coperto* (Gedeck, Bedienung und Brot) extra berechnet wird, auch wenn man kein Brot zum Essen konsumiert. Aus diesem Grund wird das Trinkgeld oftmals weggelassen.

Vero o falso? Welche Aussagen sind richtig? Kreuzen Sie die zutreffenden Aussagen an.

1. Milano è la città della moda. ❐
2. La Scala di Milano è un teatro famoso. ❐
3. Salsiccia ama la pizza. ❐
4. Laurina fa la parrucchiera. ❐
5. Il commissario paga dal parrucchiere con la sua carta di credito. ❐
6. I cani sono ammessi alla Scala di Milano. ❐

6

Conoscere Milano. Wie gut kennen Sie Mailand? Setzen Sie die unten stehenden Begriffe in die Sätze ein.

Galleria Vittorio Emanuele II | Duomo | Scala | Montenapoleone | Navigli | Santa Maria delle Grazie | risotto

1. È la cattedrale più famosa di Milano: il ____________________.
2. Sono un sistema di canali a Milano: i ____________________.
3. Si trova di fronte al Duomo ed è piena di negozi e locali: la ____________________ ____________________.
4. Un piatto tipico milanese: il ____________________ alla milanese.
5. Come si chiama la famosa strada della moda a Milano? Via ____________________.
6. È stato inaugurato nel 1778: la ____________________ di Milano.
7. L'opera d'arte di Leonardo da Vinci "Il cenacolo" si può visitare nella chiesa di ____________________ di Milano.

INFO

Das weltberühmte Opernhaus **Teatro alla Scala** in Mailand wird von den Italienern nur kurz "La Scala" genannt. Der Name hat nichts mit etwaigen Treppen zu tun (la scala = die Treppe), sondern das Gebäude liegt an der *Piazza della Scala*. Die Opernsaison in Mailand beginnt jedes Jahr am 7. Dezember, in Mailand ein Feiertag, weil man den Schutzheiligen der lombardischen Metropole ehrt.

Preposizioni. Setzen Sie die korrekten Präpositionen ein.

Dagli | con | alla | di | di | sul

1. Il commissario Edoardo De Filippo è stato invitato _____ Fashion Week _____ Milano.
2. "Questa salsiccia è piena _____ calorie!"
3. Una modella è stata uccisa _____ il veleno.
4. "_____ occhi è stata avvelenata!" dice il commissario Gatti.
5. "Io e Salsiccia indaghiamo _____ caso!"

8 **Gioco.** Bringen Sie die Buchstaben in die richtige Reihenfolge und bilden Sie sinnvolle Sätze.

snisasaso | rcpicaerheru | swlrteü | steelneviio

1. Il commissario Edoardo De Filippi e Salsiccia guardano la ____________________.
2. A Salsiccia piace mangiare i ____________________.
3. Robertuccio di lavoro fa il ____________________.
4. Il commissario Edoardo De Filippi e Salsiccia vogliono trovare l'________________.

INFO

"Wurstel e crauti" ist im Italienischen „Sauerkraut mit Würstchen". Es ist in Italien DAS deutsche Gericht schlechthin. Da es den Buchstaben ü eigentlich nicht im italienischen Alphabet gibt, wird er meist einfach mit u übersetzt.

9 **Combinazioni.** Welche der folgenden Wortteile gehören zusammen? Ordnen Sie zu.

1. ☐ offrire
2. ☐ il commissario dichiara qualcuno
3. ☐ il test del DNA
4. ☐ hanno trovato tracce
5. ☐ portare via

a) in arresto
b) ha confermato
c) di veleno
d) il fidanzato
e) un würstel

Mistero sul Lago di Garda

Salsiccia, ti saresti mai immaginata di fare vacanze al Villa Palace Hotel di Sirmione sul Lago di Garda? Tanto lusso per noi!

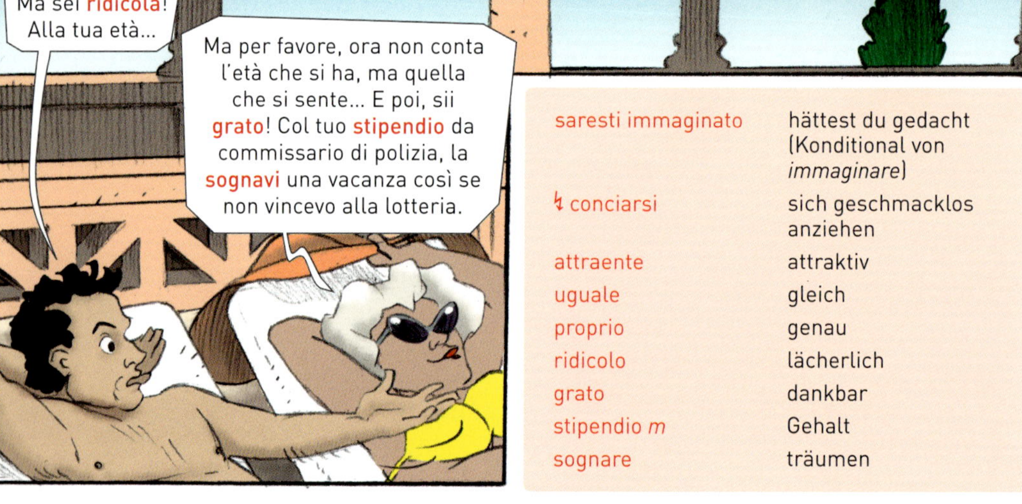

saresti immaginato	hättest du gedacht (Konditional von *immaginare*)
↯ conciarsi	sich geschmacklos anziehen
attraente	attraktiv
uguale	gleich
proprio	genau
ridicolo	lächerlich
grato	dankbar
stipendio *m*	Gehalt
sognare	träumen

è ora	es ist an der Zeit
nonna *f*	Oma
Piacere!	Sehr erfreut!
Non importa.	Das macht nichts.
capitare	passieren
timido	schüchtern
sia	(es) sei (Konjunktiv von *essere*)
intendere	darunter verstehen
proprietà *f*	Besitz
famoso	berühmt
passione *f*	Leidenschaft
accompagnare	begleiten
Che noia!	Wie nervig!

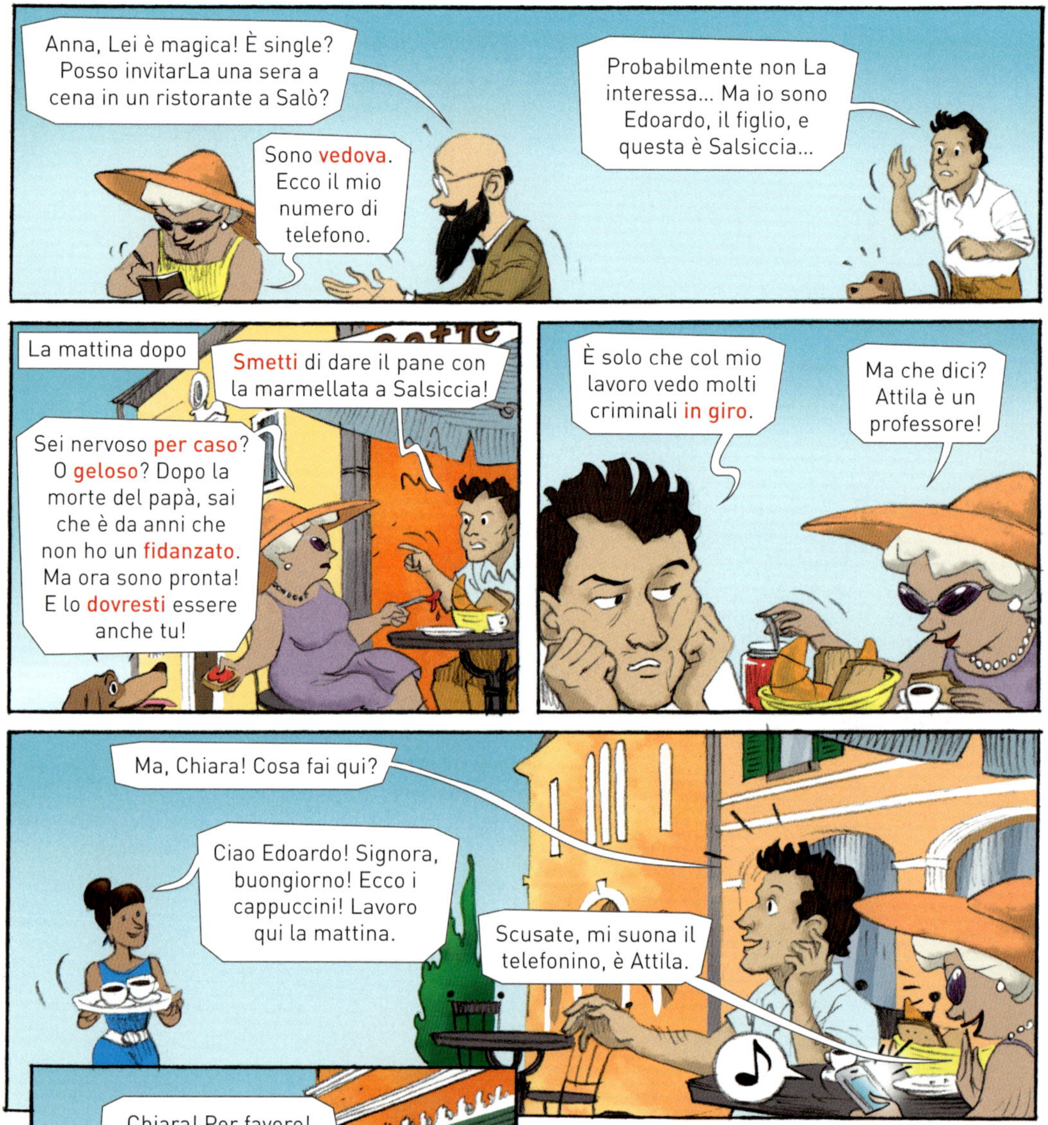

Ma, Chiara! Cosa fai qui?

Ciao Edoardo! Signora, buongiorno! Ecco i cappuccini! Lavoro qui la mattina.

Scusate, mi suona il telefonino, è Attila.

Chiara! Per favore! È pieno di gente oggi!

Caffè

Arrivo!

vedova *f*	Witwe
smettere	aufhören
per caso	zufällig
geloso	eifersüchtig
fidanzato *m*	fester Freund, Verlobter
dovresti	(du) solltest (Konditional von *dovere*)
in giro	unterwegs

ϟ staccare	aufhören, fertig sein
Affare fatto!	Abgemacht!
avere intesa	*hier:* gleiche Wellenlänge haben
mollare	loslassen

ϟ Santo cielo!	Um Himmels Willen!
ladro *m*	Dieb
nascondersi	sich verstecken
licenziare	entlassen
gioiello *m*	Juwel, Schmuck
fede *f*	Ehering
segno *m*	Zeichen
giurare	schwören
scappare	flüchten
avere bisogno di	etw. benötigen
fuori servizio	außer Dienst

dichiarare in arresto qc.	jmd. für verhaftet erklären
avvocato *m*	Rechtsanwalt
uccidere	umbringen, ermorden
violentare	vergewaltigen

rifiutare	ablehnen
addormentarsi	einschlafen
spiegare	erklären
giudice *m/f*	Richter
sonnifero *m*	Schlafmittel
↯ incastrare	hereinlegen
discolpare	entlasten
assassino *m*	Mörder

proprietario *m*	Besitzer
specchio *m*	Spiegel
dalmata *m/f*	Dalmatiner (Hund)
riuscito	gelungen
ricercato	gesucht

implicato	verwickelt
omicidio *m*	Mord
malinteso *m*	Missverständnis
innocente	unschuldig
piuttosto	anstatt, eher
indagare	ermitteln
vergogna *f*	Scham, Schande
schifo *m*	Abscheulichkeit, Ekel
scelta *f*	Wahl
alla caccia	auf die Jagd
maledetto	verdammt

comportarsi	sich benehmen
facendo	gerade machen (Gerundium von *fare*)

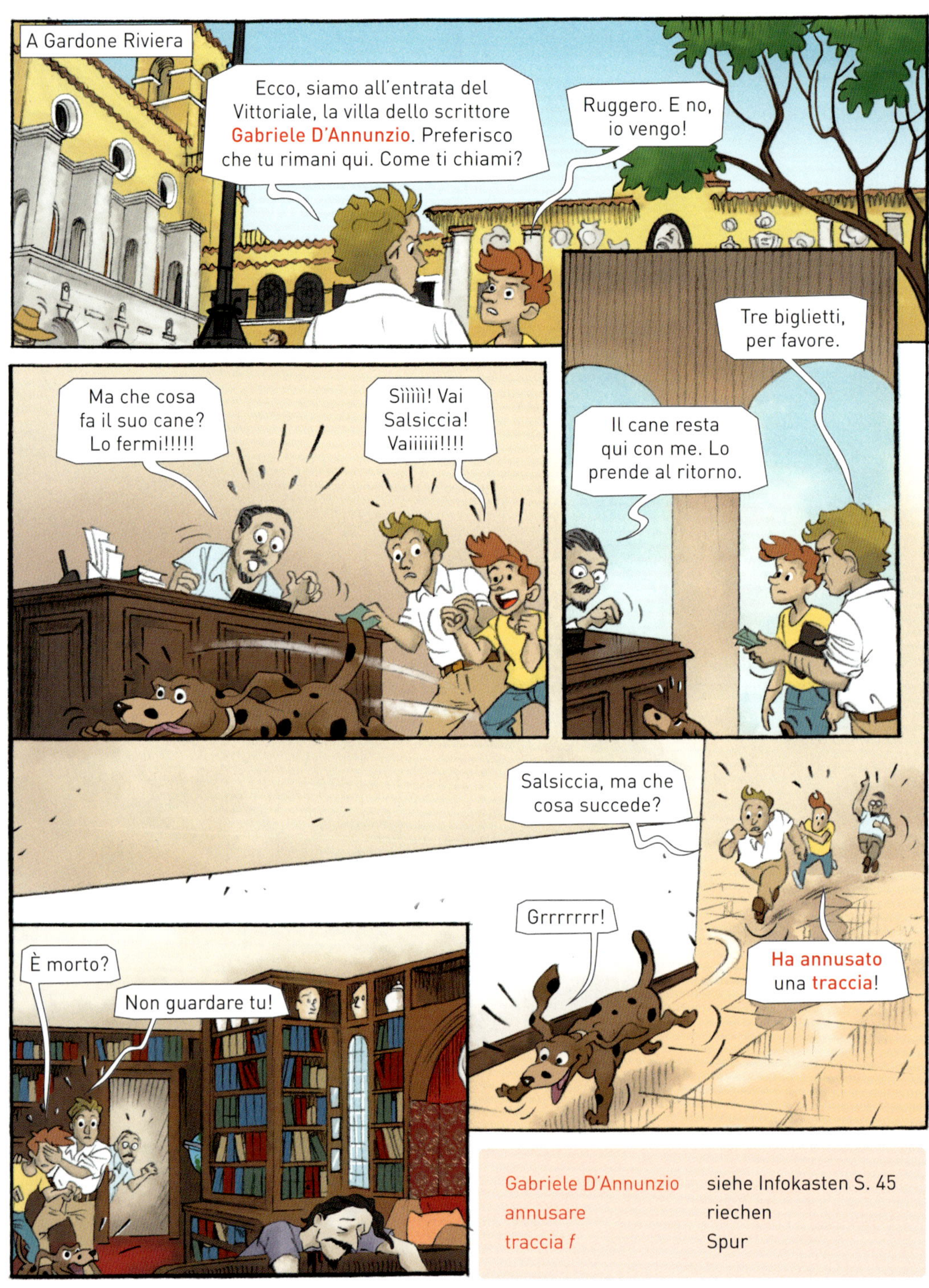

Gabriele D'Annunzio	siehe Infokasten S. 45
annusare	riechen
traccia *f*	Spur

Non abbiamo un indizio.

Guarda, Salsiccia ha un'altra traccia!

Arf!! Arf!!!

Quell'uomo lo conosco...

Sniff

telegiornale *m*	Nachrichtensendung
prima che	siehe Infokasten S. 44
partisse	(er/sie/es) abfährt (Konjunktiv von *partire*)

avvicinarsi	sich nähern
patente *f*	Führerschein
calare	hereinbrechen
buio *m*	Dunkelheit

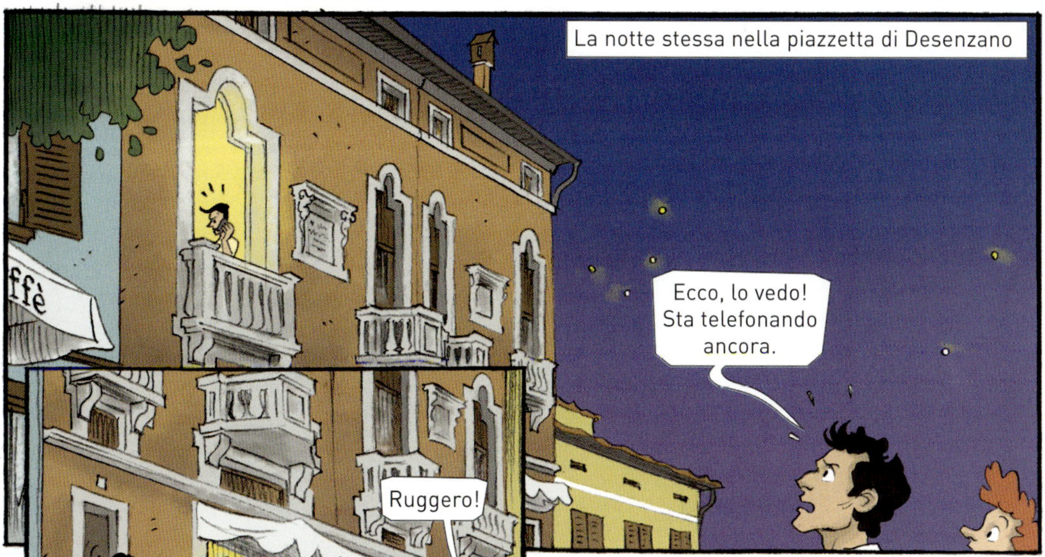

La notte stessa nella piazzetta di Desenzano

ffè

Ecco, lo vedo! Sta telefonando ancora.

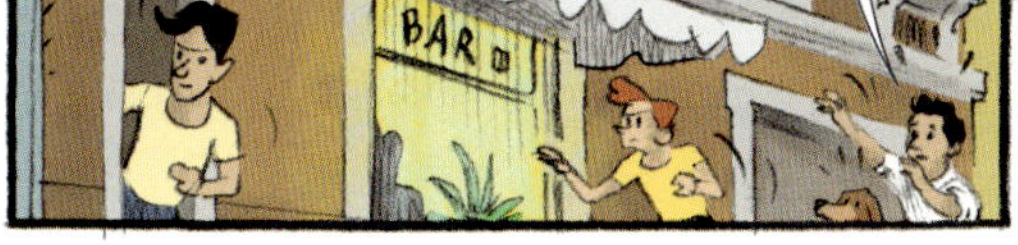

BAR

Ruggero!

promettere	versprechen

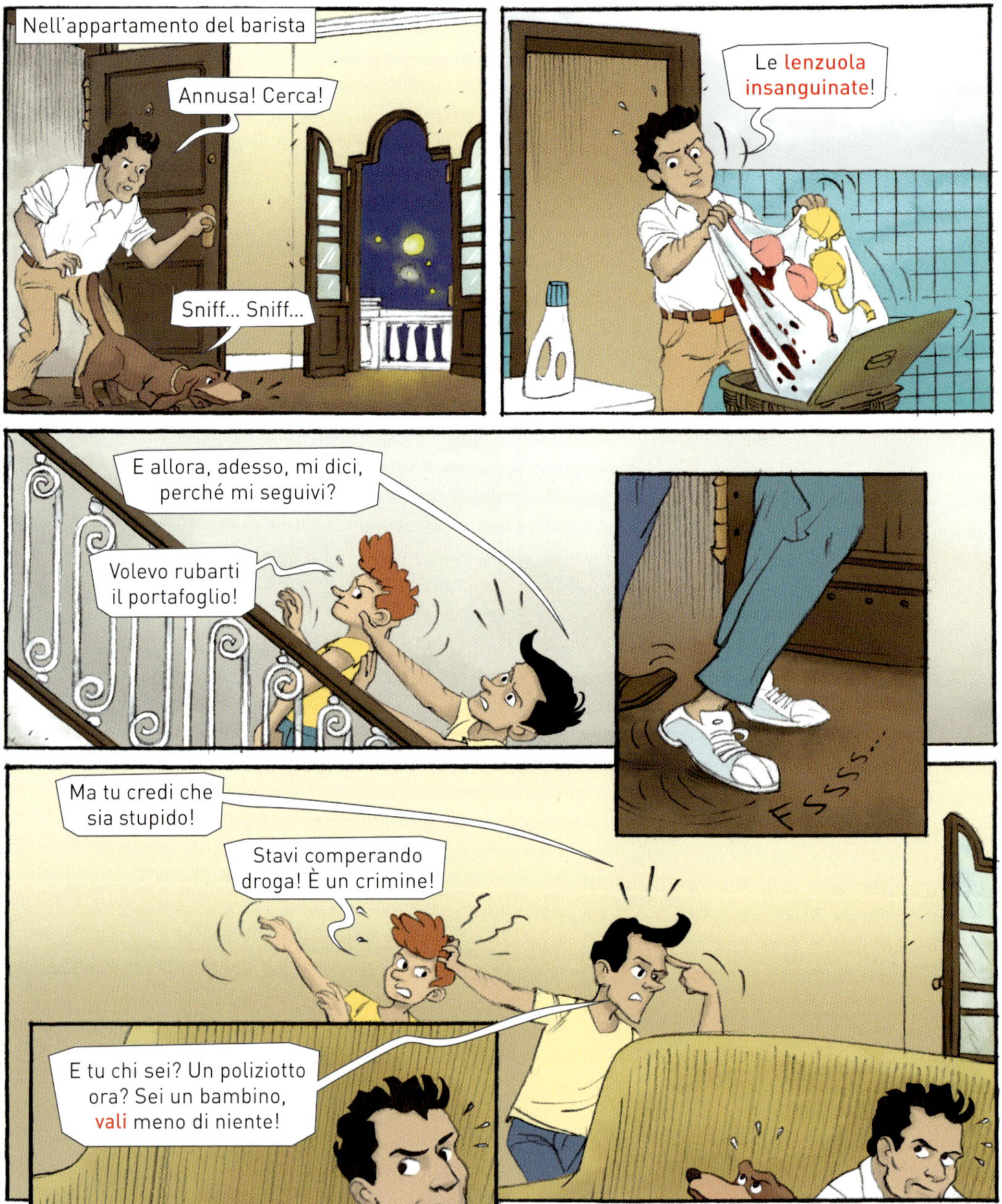

E allora, adesso, mi dici, perché mi seguivi?

Volevo rubarti il portafoglio!

FSSSS...

Ma tu credi che sia stupido!

Stavi comperando droga! È un crimine!

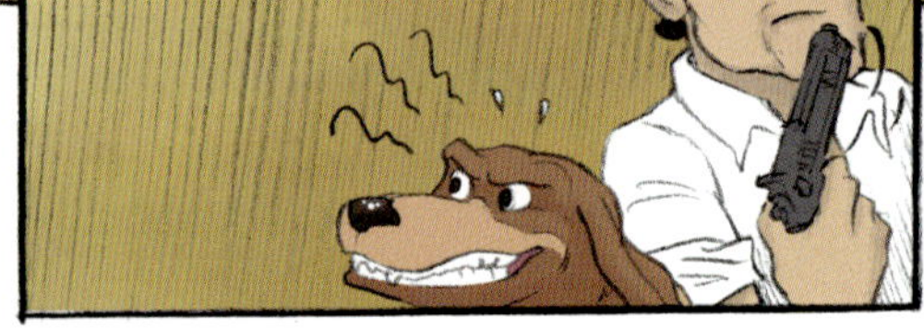

E tu chi sei? Un poliziotto ora? Sei un bambino, vali meno di niente!

lenzuola *f, pl*	Bettbezug
insanguinato	mit Blut befleckt
valere	Wert sein

scoprire	entdecken
ϟ spacciare	dealen
incolpare	beschuldigen
andare storto	schief gehen
innamorarsi	sich verlieben
minacciare	bedrohen
sentirsela di fare qc.	sich etw. (zu)trauen
picchiare	schlagen, verprügeln
sparare	(er)schießen

paura *f*	Angst
si fosse confidata	(sie) hätte sich anvertraut (Konjunktiv von *confidarsi*)

Esercizi

Traduzioni. Verbinden Sie die italienischen Begriffe mit den entsprechenden deutschen Übersetzungen.

1. ☐ camera doppia	**a)** Zimmer mit Dusche
2. ☐ mezza pensione	**b)** Klimaanlage
3. ☐ pensione completa	**c)** Halbpension
4. ☐ al completo	**d)** Doppelzimmer
5. ☐ camera con doccia	**e)** Vollpension
6. ☐ aria condizionata	**f)** ausgebucht
7. ☐ stanza non fumatori	**g)** Parkplatz
8. ☐ parcheggio	**h)** Nichtraucherzimmer

INFO

In Italien unterscheidet man zwischen **camera doppia**, einem Zweibettzimmer mit zwei getrennten Betten und **camera matrimoniale**, einem Zimmer mit Ehebett.

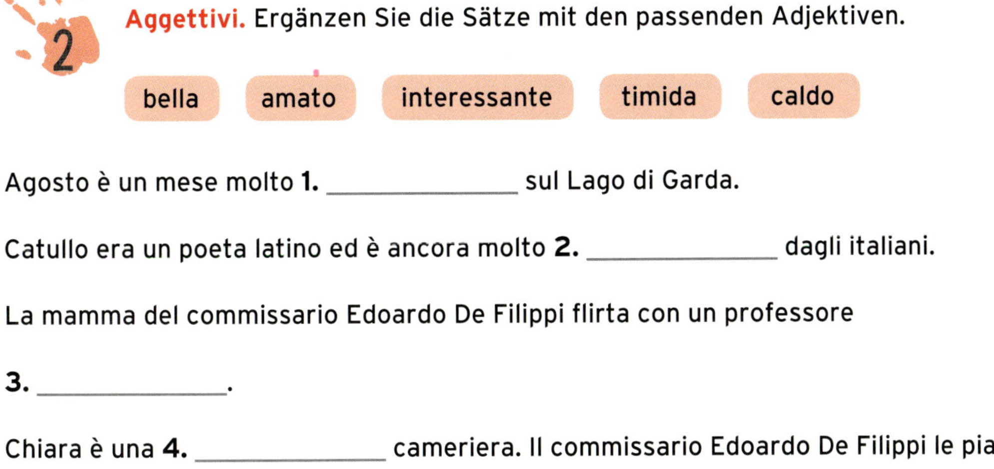

2 **Aggettivi.** Ergänzen Sie die Sätze mit den passenden Adjektiven.

bella | amato | interessante | timida | caldo

Agosto è un mese molto **1.** ______________ sul Lago di Garda.

Catullo era un poeta latino ed è ancora molto **2.** ______________ dagli italiani.

La mamma del commissario Edoardo De Filippi flirta con un professore

3. ______________.

Chiara è una **4.** ______________ cameriera. Il commissario Edoardo De Filippi le piace,

ma anche lei è molto **5.** ______________.

3 **Una bella giornata.** Wie könnte ein typischer Tag von Kommissar Edoardo De Filippi und Salsiccia aussehen? Schreiben Sie unter die Bilder die entsprechenden Tätigkeiten aus der Perspektive des Kommissars.

Ci guardiamo allo specchio. | Facciamo colazione. | Mi vesto. | Prendiamo il sole. | Faccio la doccia. | Vado a passeggiare con Salsiccia.

1. ______________________

2. ______________________

3. ______________________

4. ______________________

5. ______________________

6. ______________________

4 **Futuro.** Bringen Sie die Sätze in die Futurform.

INFO

Nach **prima che** folgt immer der Konjunktiv.

1. Dobbiamo pensare a trovare chi ha ucciso Chiara.

______________ pensare a trovare chi ha ucciso Chiara.

2. Il commissario Edoardo De Filippi e Salsiccia vanno a Gardone Riviera.

Il commissario Edoardo De Filippi e Salsiccia ______________ a Gardone Riviera.

3. La mamma del commissario vede il professor Attila.

La mamma del commissario ______________ il professor Attila.

4. Il commissario Edoardo De Filippi è fuori servizio.

Il commissario Edoardo De Filippi ______________ fuori servizio.

5 Le località del Lago di Garda. Welche Stadt am Gardasee ist gemeint? Setzen Sie ein.

Gardone Riviera | Sirmione | Desenzano | Bardolino

1. Nel suo Duomo si trova un affresco del famoso artista Gian Battista Tiepolo. ______________________
2. Nel suo centro c'è anche il Museo del Vino. ______________________
3. Vi si trova il Vittoriale di Gabriele D'Annunzio. ______________________
4. Una volta ci viveva il poeta Catullo. ______________________

INFO

Gabriele D'Annunzio (* 12. März 1863 in Pescara, † 1. März 1938 in Gardone Riviera) war ein italienischer Schriftsteller. Er gilt als eine Leitfigur des italienischen Faschismus ohne dass der Autor sich allerdings je öffentlich zum Faschismus oder dessen Partei bekannt hätte.

6 Parole in disordine. Setzen Sie die Wörter in der richtigen Reihenfolge in die Sprechblase ein und bilden Sie zwei Sätze.

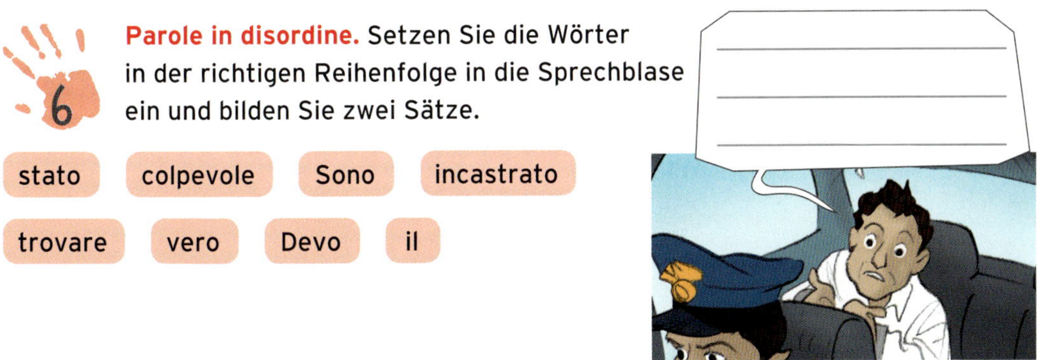

stato | colpevole | Sono | incastrato

trovare | vero | Devo | il

7 Articoli. Wie lautet der korrekte bestimmte Artikel zu den Substantiven? Schreiben Sie auf.

1. ________ occhiali
2. ________ età
3. ________ professore
4. ________ uomo
5. ________ poeta
6. ________ passione
7. ________ pane
8. ________ morte
9. ________ stipendio

Domande sul testo. Kreuzen Sie die passende Antwort an.

1. Dove dormono il commissario Edoardo De Filippi e Salsiccia sul Lago di Garda?
   - ❒ a) in un albergo di lusso
   - ❒ b) in una pensione

2. Come si chiama la cameriera che incontrano?
   - ❒ a) Clara
   - ❒ b) Chiara
3. Come viene uccisa la ragazza?
   - ❒ a) con una pistola
   - ❒ b) con un coltello
4. Che macchina ha il commissario Edoardo De Filippi?
   - ❒ a) una Punto rossa
   - ❒ b) una Cinquecento gialla
5. Come mai Edoardo De Filippi e la mamma si possono permettere una vacanza di lusso al Lago di Garda?
   - ❒ a) la mamma è stata invitata dal direttore dell'albergo
   - ❒ b) la mamma ha vinto alla lotteria

Trovare l'intruso. Welches Wort passt nicht in die Reihe? Unterstreichen Sie.

1. cornetto marmellata pane torta
2. nemico omicidio assassino criminale
3. cameriera poliziotto commissario carabiniere
4. villa casa residenza traghetto

INFO

Das **Frühstück** *(la prima colazione)* der Italiener fällt in der Regel nicht besonders üppig aus. Neben einem **caffè** oder **cappuccino** wird oft nur ein **cornetto** (Hörnchen) oder ein anderes süßes Gebäck gegessen.

La strada del delitto

In Sicilia, una mattina d'autunno

Su, Salsiccia, ci siamo quasi. L'omicidio è avvenuto a metà strada tra Taormina e Giardini-Naxos. Lo so che è stato un lungo viaggio da Roma in macchina, poi il traghetto da Messina... Devi essere molto stanca!

Sveglia, Salsiccia! Dobbiamo prendere un pericoloso assassino! È il terzo uomo trovato morto. Per questo ci hanno chiamato da Roma.

È quello il commissario De Filippi?

Ho sentito che è bravo, ma sfortunato con le donne. Ma non è poi tanto male!

CLIC! CLIC!

Zitti adesso... e rispetto, per favore!

omicidio *m*	Mord
avvenire	passieren
traghetto *m*	Fähre
pericoloso	gefährlich
assassino *m*	Mörder
sfortunato	unglücklich
zitto	leise

busta *f*	Tüte
indagare	ermitteln
pettine *m*	Kamm
Pirandello	siehe Infokasten S. 65
famoso	berühmt
coinvolto	beteiligt

connessione *f*	Verbindung
procurare	beschaffen
tramonto *m*	Sonnenuntergang
davvero	wirklich
stupendo	wunderschön
pasta *f* alla Norma	siehe Infokasten S. 67
pesce *m* spada	Schwertfisch
caponata *f*	typisch sizilianische Beilage bestehend aus Auberginen, Oliven, Kapern und Tomaten-sauce

VIA PIRANDELLO

Un'ora dopo in piena notte

Santo Cielo! È **buio pesto**!

Ma cosa succede?

nascondere	verstecken, verheimlichen
pettinatura *f*	Frisur
riconoscere	erkennen
↯ Santo Cielo!	Um Himmels Willen!
buio pesto	stockfinster

proprio	genau
proprietario *m*	Besitzer

calmarsi	sich beruhigen
spiegare	erklären

Basta parlare...

Mhhhhh

BLAM

Il giorno dopo

Dobbiamo andare a Catania, subito! Un altro omicidio!

TOC! TOC!

Va bene, dammi cinque minuti!

sia stato ucciso	(er) wurde ermordet (Konjunktiv von *uccidere*)

può darsi	kann sein
abbia deciso	(er/sie) hatte beschlossen (Konjunktiv von *decidere*)
decidere	entscheiden
di certo	sicherlich
maniaco *m*	Wahnsinniger
ϟ prendere in giro	auf den Arm nehmen
ladro *m*	Dieb
sparare	schießen

Attento!	Pass auf!

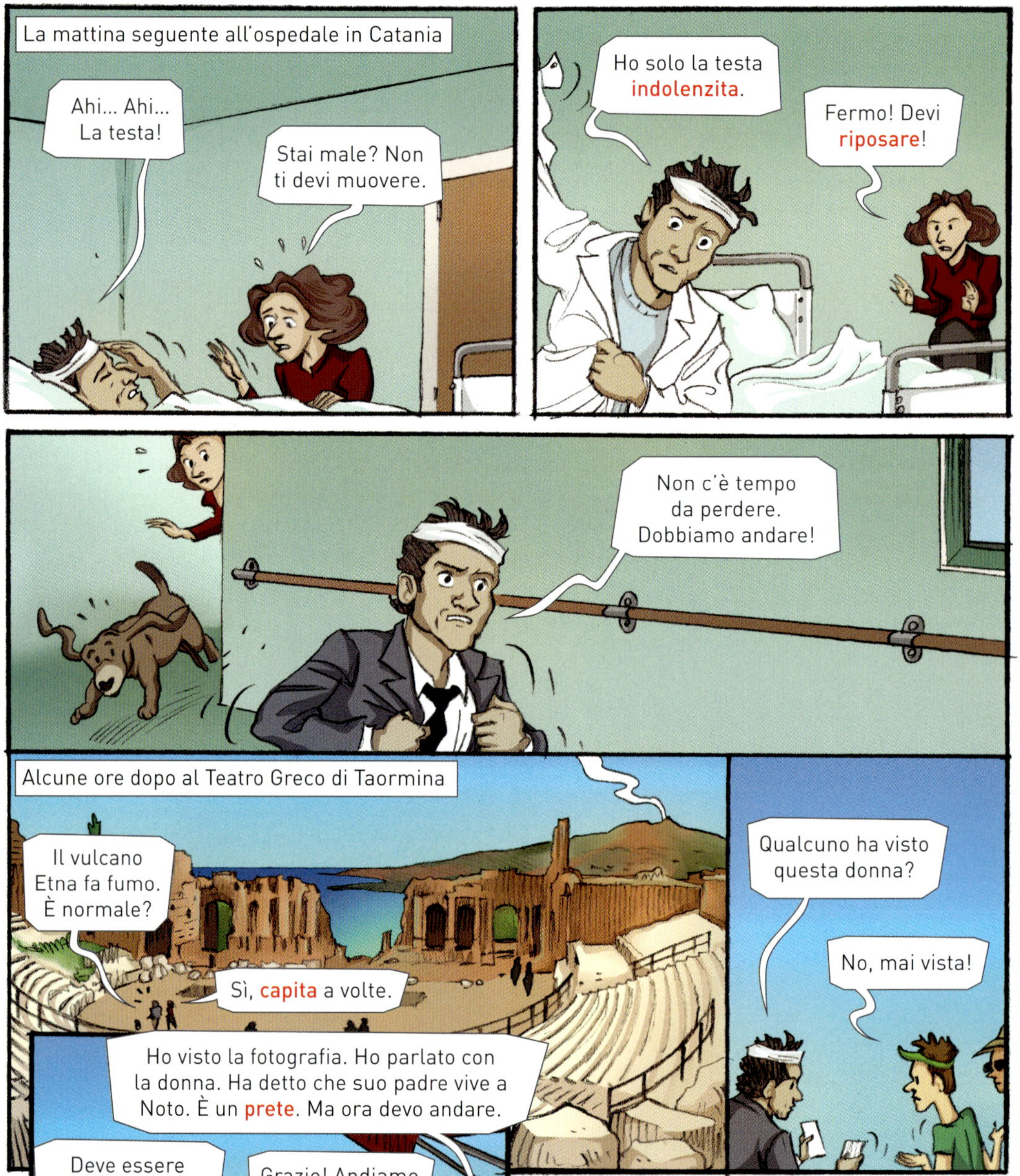

Non c'è tempo da perdere. Dobbiamo andare!

Alcune ore dopo al Teatro Greco di Taormina

Il vulcano Etna fa fumo. È normale?

Sì, capita a volte.

Qualcuno ha visto questa donna?

No, mai vista!

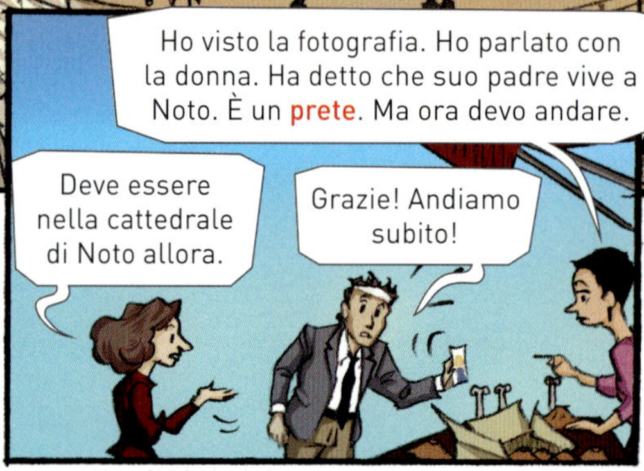

Ho visto la fotografia. Ho parlato con la donna. Ha detto che suo padre vive a Noto. È un prete. Ma ora devo andare.

Deve essere nella cattedrale di Noto allora.

Grazie! Andiamo subito!

indolenzito	*hier:* schmerzhaft; gefühllos
riposare	ausruhen, entspannen
capitare	passieren
prete *m*	Priester

sito *m* (internet)	Internetseite
appena	sobald
fidarsi di qc.	jmd. trauen
separato	getrennt

Ad Agrigento

Si sente rumore di bambini.

Eppure l'indirizzo è questo.

Chi siete?

C'è tua madre?

infedele	untreu
incidente *m*	Unfall
indirizzo *m*	Adresse
eppure	aber

nuora *f*	Schwiegertochter
matrimonio *m*	Hochzeit
trattarsi di	sich handeln um

sparito	verschwunden
temere	(be)fürchten
convincere	überzeugen

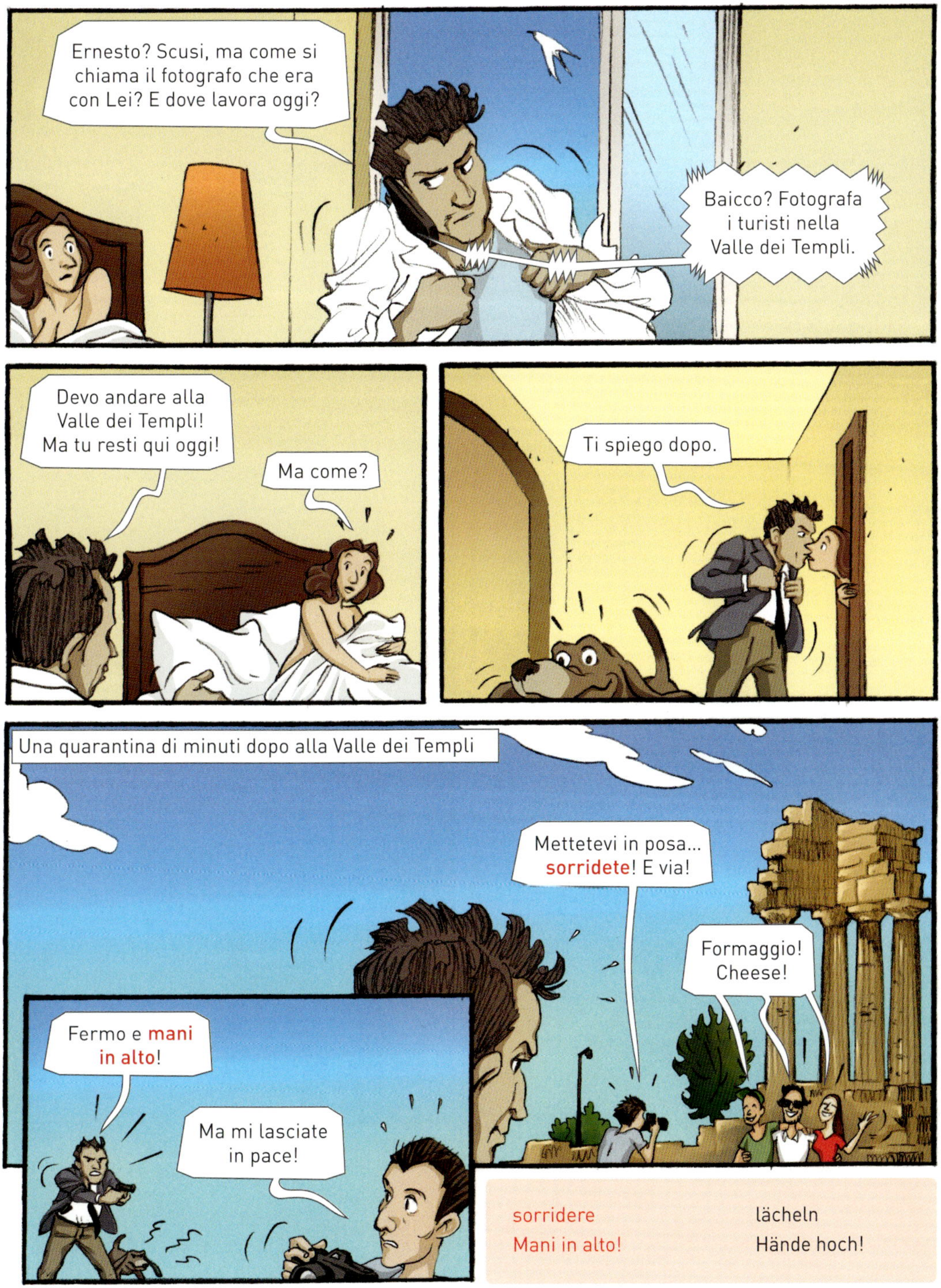

Una quarantina di minuti dopo alla Valle dei Templi

Mettetevi in posa... sorridete! E via!

Formaggio! Cheese!

Fermo e mani in alto!

Ma mi lasciate in pace!

sorridere	lächeln
Mani in alto!	Hände hoch!

dichiarare qc. in arresto	jmd. verhaften
passionale	*hier:* Affekt-
condotta *f*	Führung
prigione *f*	Gefängnis

tenere qc. aggiornato	jmd. auf dem Laufenden halten
telenovela *f*	Seifenoper, Serie
abbassare	senken
trattare	behandeln

Esercizi

1 **Temporali.** Bringen Sie die Zeitangaben in die richtige Reihenfolge. Fangen Sie mit der kürzesten Zeit an:

due secondi fa | ieri pomeriggio | quattro anni fa | ieri sera | sei mesi fa | cinque minuti fa | un'ora fa | l'anno passato | l'altro ieri | stamattina | la settimana scorsa

2 **Lessico.** Wie lauten die Begriffe? Ordnen Sie die unten stehenden Wörter zu.

cielo | nuvola | roccia | balcone | terrazza | barca | spiaggia | mare

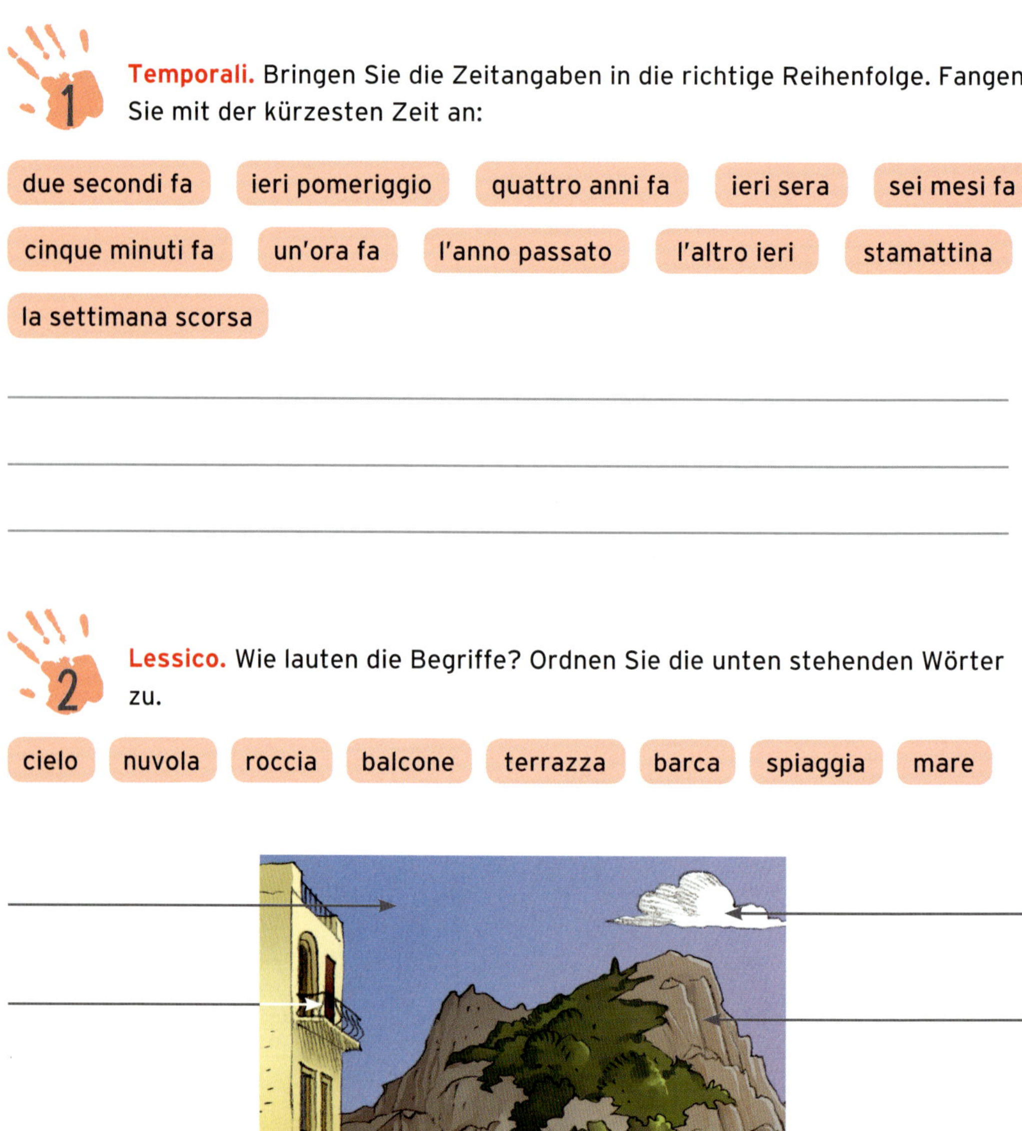

Verbi. Setzen Sie die angegebenen Verben in das *passato prossimo* in die passenden Lücken ein.

prendere | uccidere | partire | chiamare

Commissario Edoardo De Filippi: "Salsiccia, dobbiamo indagare!

1. ______________ tre uomini e per questo ci **2.** ______________ da Roma! Il viaggio è stato faticoso: **3.** ______________ da Roma ieri sera e **4.** ______________ il traghetto. Sarà difficile, ma noi troveremo l'assassino!"

La letteratura siciliana. Einige bekannte italienische Schriftsteller stammen aus Sizilien. Verbinden Sie die Autoren mit ihren wichtigsten Werken. Einer der Schriftsteller hat 1934 den Nobelpreis für Literatur gewonnen und lebte zwischenzeitlich sogar in Deutschland. Wer war es?

1. ☐ Andrea Camilleri

2. ☐ Luigi Pirandello

3. ☐ Giuseppe Tomasi di Lampedusa

4. ☐ Giovanni Verga

a) Il Gattopardo

b) I Malavoglia

c) Il commissario Montalbano

d) Il fu Mattia Pascal

Nel 1934 ______________ ha vinto il premio Nobel per la letteratura. Ha vissuto dal 1889 al 1892 a Bonn in Germania.

INFO

Luigi Pirandello (1867–1936) ist ein sehr bekannter sizilianischer Schriftsteller. Seine Dramen aus dem 20. Jahrhundert gehören zur Pflichtlektüre eines jeden italienischen Schülers.

Domande. Fragen Sie mit *chi*, *che cosa*, *dove* oder *quando* nach den folgenden Informationen:

1. Il commissario Edoardo De Filippi e Salsiccia vanno in Sicilia.

   ______________ vanno il commissario Edoardo De Filippi e Salsiccia?

2. Donatella è una poliziotta.

   ______________ è Donatella?

3. Edoardo De Filippi e Salsiccia indagano sul caso.

   ______________ fanno Edoardo De Filippi e Salsiccia?

4. Il primo assassinio è successo giorni fa.

   ______________ è successo il primo assassinio?

Il cruciverba. Lösen Sie das Kreuzworträtsel. Mit den Buchstaben in den markierten Kästchen finden Sie das Lösungswort.

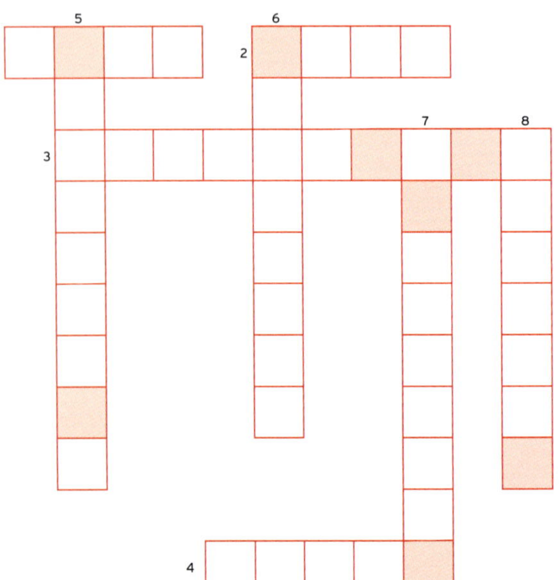

orizzontale:

1. Schiff
2. Motorrad (Abk.)
3. Fahrrad
4. Zug

verticale:

5. Krankenwagen
6. Auto
7. Fähre
8. Bus

INFO

Es heißt *andare a piedi* (zu Fuß gehen), aber *andare in macchina/treno/tram/metro/autobus/aereo*.

Soluzione = _ _ _Z_ DI TR_ _PO_ _ O

7 **Essere o avere?** Ergänzen Sie die folgenden Sätze mit der richtigen Form von *essere* oder *avere*.

1. Il commissario Edoardo De Filippi e Salsiccia ____________ dormito in una piccola pensione a Taormina.

2. Una via ____________ preso il nome della strada del delitto, perché ____________ accaduti diversi omicidi.

3. Il commissario Calogero e il commissario Edoardo De Filippi ____________ indagato insieme.

4. Il commissario Calogero dice: "Edoardo, tu e Salsiccia, ____________ proprio una bella coppia!".

8 **Il gioco delle coppie.** Welche Begriffe passen zusammen? Ordnen Sie zu.

1. ☐	Etna	**a)** sito archeologico
2. ☐	Palermo	**b)** primo piatto tipico siciliano
3. ☐	Sicilia	**c)** dolce
4. ☐	gelato	**d)** isola
5. ☐	Valle dei Templi	**e)** vulcano
6. ☐	Pirandello	**f)** scrittore
7. ☐	pasta alla Norma	**g)** capoluogo

INFO

Pasta alla Norma ist ein typisch **sizilianisches Nudelgericht**, welches aus Tomatensoße, frittierten Auberginen und Basilikum besteht. Typischerweise wird oft auch *ricotta salata* (frischer Schafskäse) dazugegeben. Das Gericht hat den Namen „alla Norma" wahrscheinlich deshalb erhalten, weil es als so erstklassig wie die Oper „Norma" des sizilianischen Komponisten Giovanni Bellini empfunden wurde. Der Begriff „alla Norma" gilt ab da als Synonym dafür, dass etwas besonders gut geworden ist. Übrigens: **Pasta** ist in Italien immer der erste Gang (*primo*), dem eine zweiter (*secondo*) mit Fisch oder Fleisch und Beilage folgt.

Test finale

La traduzione corretta. Im Restaurant. Ordnen Sie die richtige Übersetzung zu.

1. ☐ Vorrei ...
2. ☐ Per me ...
3. ☐ Che cosa desidera?
4. ☐ Vuole altro?

a) Was möchten Sie?
b) Ich hätte gern ...
c) Möchten Sie noch etwas?
d) Für mich ...

Lessico. Ordnen Sie die unten stehenden Wörter den abgebildeten Begriffen in der Zeichnung zu.

giacca | occhiali | cadavere | cravatta | bocca | fotografo | capelli
macchina fotografica | occhi | braccio | fronte | camicia

INFO

Achtung! Falscher Freund:
la camera = das Zimmer;
la macchina fotografica = der Fotoapparat.

Trovare l'intruso. Welches Wort passt nicht in die Reihe? Unterstreichen Sie.

1. felice | odioso | contento | entusiasta
2. terribile | orribile | bruttissimo | stupendo
3. cane | gatto | veleno | topo
4. dire | parlare | pensare | esprimersi

Combinazioni. Welche Wortteile passen zusammen? Ordnen Sie zu!

1. ☐ essere fortunati
2. ☐ Non conta l'età che si ha,
3. ☐ diventare
4. ☐ trovare

a) nonna
b) a trovare una casa
c) ma quella che si sente.
d) il vero assassino

5

Ordine cronologico. Lesen Sie den Dialog und bringen Sie die Sätze in die richtige Reihenfolge.

1. ☐ Chiara: "Sì, dove?"
2. ☐ Commissario Edoardo De Filippi: "Ci possiamo vedere dopo?"
3. ☐ Chiara: "Alle quattro di pomeriggio."
4. ☐ Commissario Edoardo De Filippi: "Ciao Chiara, a che ora sei libera oggi?"
5. ☐ Commissario Edoardo De Filippi: "In piazza. A dopo allora, ciao!"

6

La preposizione giusta. Unterstreichen Sie die richtige Präposition.

1. La mamma di Edoardo: "Ti piacciono i miei occhiali di / da sole?"
2. "Prendo un gelato al / da cioccolato."
3. "Per me un bicchiere con / d' acqua, per favore!"
4. "Mamma, smetti di / a dare il pane a Salsiccia!"
5. "Edoardo, ma non torniamo da / a Roma?" chiede la mamma.
6. "Vado in / a scuola," promette il bambino.

Domande sul testo. Beantworten Sie die Fragen zum Text "La strada del delitto" in ganzen Sätzen.

1. Dove sono avvenuti i primi tre omicidi?

____

2. Che cosa trova Salsiccia sul luogo del delitto?

____

3. Che cosa ordina il commissario Edoardo De Filippi al ristorante in spiaggia insieme al commissario Ulcera?

____

4. Chi trova il commissario De Filippi di notte sulla strada Via Pirandello in macchina?

____

5. La mafia è implicata nel caso?

____

Comprensione del testo. Kreuzen Sie die richtige Antwort an.

1. Come si chiama la Valle di Agrigento?
   - ❒ **a)** Valle dei Templi
   - ❒ **b)** Valle dei Templari

2. Come si chiama il vulcano presso Catania?
   - ❒ **a)** Etna
   - ❒ **b)** Vesuvio

3. Qual è l'isola italiana più grande?
   - ❒ **a)** Sicilia
   - ❒ **b)** Sardegna

4. Qual è la famosa città chiamata "capitale del Barocco"?
   - ❒ **a)** Palermo
   - ❒ **b)** Noto

INFO

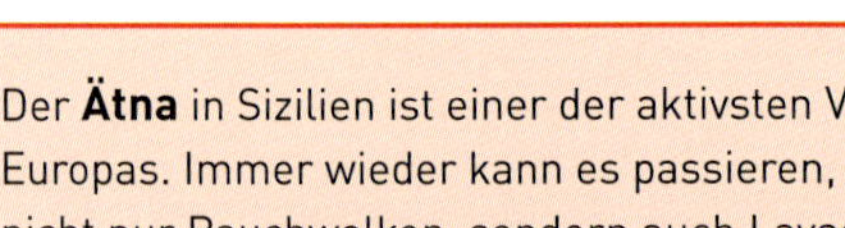

Der **Ätna** in Sizilien ist einer der aktivsten Vulkane Europas. Immer wieder kann es passieren, dass er nicht nur Rauchwolken, sondern auch Lavaströme ausspuckt.

Preposizioni. Schreiben Sie die passende Präposition (falls nötig mit Artikel) in die Lücken.

1. Salsiccia dorme __________ macchina.
2. La pensione è __________ (gegenüber) al teatro.
3. Edoardo ordina pasta __________ Norma __________ ristorante e il commissario Calogero un bicchiere __________ vino rosso.
4. __________ fortuna i telefonini non erano bloccati!
5. "Certo, i mariti non avevano nulla __________ nascondere!"
6. "Calogero, mi devi aiutare __________ riconoscere i posti!" – "Sì, in uno sono __________ Teatro Romano a Taormina, in un altro sono __________ Etna e in uno sono __________ Noto.

10

Aggettivi. Übersetzen Sie die Adjektive und schreiben Sie dann das Gegenteil auf.

1. schön __________ __________
2. dünn __________ __________
3. unsympathisch __________ __________
4. leer __________ __________
5. jung __________ __________

INFO

In Bezug auf Personen klingt **vecchio** wenig respektvoll, empfehlenswerter ist das Adjektiv **anziano**. Z. B.: *Mia nonna è una donna anziana.*

Passato prossimo. Setzen Sie die korrekte Verbform des *passato prossimo* ein.

1. "Sì, mamma, mettere ___________________ gli occhiali da sole a Salsiccia."
2. "(Io) vedere ___________________ casi simili di mariti avvelenati!"
3. "Mia madre firmare ___________________ il contratto per me."
4. "Il viaggio da Roma per la Sicilia essere ___________________ lungo per noi."
5. Il barista tornare ___________________ con le chiavi della camera.

La griglia. Finden Sie im Gitternetz acht Partizipien.

A	B	I	G	D	U	S	U
P	R	O	T	E	T	T	O
E	A	G	H	T	E	R	R
R	N	F	A	T	T	O	V
T	I	N	D	O	F	L	I
O	S	I	D	A	T	O	S
I	B	E	V	U	T	O	T
V	E	N	U	T	O	S	O

Parole in disordine. Bringen Sie die Wörter in die richtige Reihenfolge und setzen Sie die zwei Sätze in die Sprechblase ein.

Suoi.	E	sono
Non	ne	affari
ora	se	vada

Soluzioni

Milano alla moda

1 1. (la modella assassinata) Carla 2. (la cugina di Edoardo) Laurina 3. (il commissario di Milano) Lupetto Gatti 4. (il politico) Alberto Pizzo 5. (l'attrice famosa) Margherita 6. (il parucchiere) Robertuccio 7. (la modella giapponese) Aiko

2 1. le modelle famose 2. le mogli gelose 3. i casi simili 4. i politici conosciuti 5. i problemi risolti

3 Guarda, chi si vede, Salsiccia! So che non leggi i giornali, ma la fotografia di quel politico è ovunque! Dobbiamo fare il possibile per scoprire l'assassino al più presto.

4 1. a 2. b 3. a 4. a

5 1. vero 2. vero 3. falso (Salsiccia ama i würstel.) 4. falso (Laurina fa la modella, Robertuccio fa il parrucchiere.) 5. falso (Margherita paga con la carta di credito.) 6. falso (I cani non sono ammessi alla Scala)

6 1. Duomo 2. Navigli 3. Galleria Vittorio Emanuele II 4. risotto alla milanese 5. Via Montenapoleone 6. Scala 7. Santa Maria delle Grazie

7 1. alla; di 2. di 3. con 4. Dagli 5. sul

8 1. televisione 2. würstel 3. parrucchiere 4. assassino

9 1. e 2. a 3. b 4. c 5. d

Mistero sul Lago di Garda

1 1. d 2. c 3. e 4. f 5. a 6. b 7. h 8. g

2 1. caldo 2. amato 3. interessante 4. bella 5. timida

3 1. Faccio la doccia. 2. Ci guardiamo allo specchio. 3. Mi vesto. 4. Facciamo colazione. 5. Vado a passeggiare con Salsiccia. 6. Prendiamo il sole.

4 1. Dovremo 2. andranno 3. vedrà 4. sarà

5 1. Desenzano 2. Bardolino 3. Gardone Riviera 4. Sirmione

6 1. Commissario Edoardo De Filippi: "Sono stato incastrato. Devo trovare il vero colpevole!"

7 1. gli 2. l' 3. il 4. l' 5. il 6. la 7. il 8. la 9. lo

8 1. a 2. b 3. a 4. b 5. b

9 1. marmellata 2. nemico 3. cameriera 4. traghetto

La strada del delitto

1 due secondi fa, cinque minuti fa, un'ora fa, stamattina, ieri sera, ieri pomeriggio, l'altro ieri, la settimana scorsa, sei mesi fa, l'anno passato, quattro anni fa

2

3 1. Hanno ucciso 2. hanno chiamato 3. siamo partiti 4. abbiamo preso

4 1. c 2. d 3. a 4. b
Nel 1934 **Giovanni Verga** ha vinto il premio Nobel per la letteratura.
Ha vissuto dal 1889 al 1892 a Bonn in Germania.

5 1. Dove 2. Chi 3. Che cosa 4. Quando

6

	5				6			7		8
1 N	A	V	E		2 M	O	T	O		
	M				A					
	3 B	I	C	I	C	L	E	T	T	A
	U				C			R		U
	L				H			A		T
	A				I			G		O
	N				N			H		B
	Z				A			E		U
	A							T		S
								T		
				4 T	R	E	N	O		

Soluzione = MEZZO DI TRASPORTO *(Verkehrsmittel)*

7 1. hanno 2. ha, sono 3. hanno 4. siete

8 1. e 2. g 3. d 4. c 5. a 6. f 7. b

Test finale

1 1. b 2. d 3. a 4. c

2

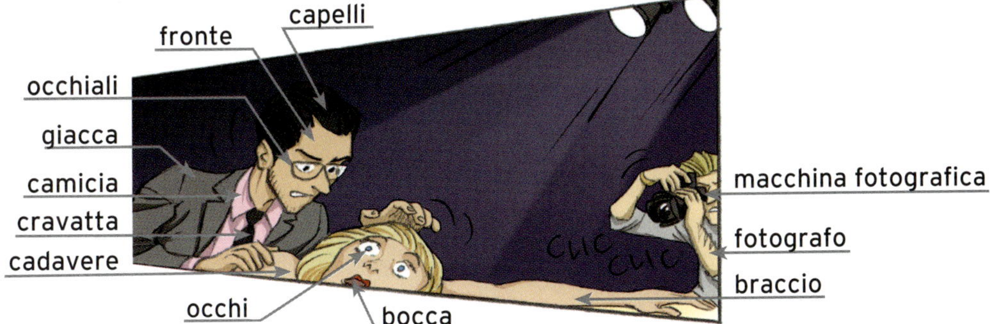

3 1. odioso 2. stupendo 3. veleno 4. pensare

4 1. b 2. c 3. a 4. d

5 4, 3, 2, 1, 5

6 1. da 2. al 3. d' 4. di 5. a 6. a

7 1. I tre omicidi sono avvenuti in macchina a metà strada tra Taormina e Giardini-Naxos. 2. Salsiccia trova un pettine sul luogo del delitto. 3. Il commissario Edoardo De Filippi ordina la pasta alla Norma. 4. Il commissario De Filippi trova una coppia di giovani in Via Pirandello. 5. No, la mafia non è implicata nel caso.

8 1. a 2. a 3. a 4. b

9 1. in 2. di fronte 3. alla, al; di 4. Per 5. da 6. a; al, sull'/all', a

10 1. bello, brutto 2. magro, grasso 3. antipatico, simpatico 4. vuoto, pieno 5. giovane, vecchio/anziano

11 1. ho messo 2. Ho visto 3. ha firmato 4. è stato 5. è tornato

12

A	B	I	G	D	U	S	U
P	R	O	T	E	T	T	O
E	A	G	H	T	E	R	R
R	N	F	A	T	T	O	V
T	I	N	D	O	F	L	I
O	S	I	D	A	T	O	S
I	B	E	V	U	T	O	T
V	E	N	U	T	O	S	O

13

Glossario

ϟ = umgangssprachlich
f = feminin
m = maskulin
pl = Plural
irr = unregelmäßiges Verb

A che punto sei?	Wie weit bist du?
abbassare	senken
abbia	hatte (Konjunktiv von *avere irr*)
accoltellare	niederstechen
accompagnare	begleiten
addormentarsi	einschlafen
Affare fatto!	Abgemacht!
aiutare	helfen
Aiuto!	Hilfe!
alano *m*	Dogge
alla caccia	auf die Jagd
allontanare	entfernen
ammesso	zugelassen
andare *irr* **storto**	schief gehen
andarsene *irr*	fortgehen, weggehen
annusare	riechen
antipatico	unsympathisch
appena	sobald
assassina *f*	Mörderin
assassino *m*	Mörder
Attento!	Pass auf!
attraente	attraktiv
attrice *f*	Schauspielerin
avere *irr* **bisogno di**	etw. benötigen
avere *irr* **intesa**	*hier:* gleiche Wellenlänge haben
avremo	(wir) werden haben (Futur von *avere irr*)
avvelenare	vergiften
avvenire *irr*	passieren
avvicinarsi	sich nähern
avvocato *m*	Rechtsanwalt
Bel colpo!	Gut gemacht! Gut gekämpft!
bugia *f*	Lüge
bugiarda *f*	Lügnerin
buio *m*	Dunkelheit
buio pesto	stockfinster
busta *f*	Tüte
bustina *f*	Beutel
ϟ **cagnaccio** *m*	(oller) Köter
calare	hereinbrechen
calmarsi	sich beruhigen
capitare	passieren
caponata *f*	typisch sizilianische Beilage bestehend aus Auberginen, Oliven, Kapern und Tomatensauce
caso *m*	Fall
celebrità *f*	Berühmtheit
ϟ **Che barba!**	So etwas Ödes!
ϟ **Che noia!**	Wie nervig!
chiudere *irr*	*hier:* Schluss machen; beenden

ciuffo *m*	Haarbüschel
coinvolto	beteiligt
colpevole	schuldig
comportamento *m*	Benehmen
comportarsi	sich benehmen
compreso	inbegriffen
ϟ **conciarsi**	sich geschmacklos anziehen
condotta *f*	Führung
confermare	bestätigen
confessare	gestehen
confidarsi	sich anvertrauen
connessione *f*	Verbindung
convincere *irr*	überzeugen
cotoletta *f* **alla milanese**	Wiener Schnitzel
dalmata *m/f*	Dalmatiner (Hund)
davvero	wirklich
decidere *irr*	beschließen
di certo	sicherlich
diavolo *m*	Teufel
dichiarare qc. in arresto	jmd. verhaften
difendere *irr*	verteidigen
discolpare	entlasten
disgustoso	geschmacklos
dividere *irr*	teilen
dovresti	(du) solltest (Konditional von *dovere irr*)
è ora	es ist an der Zeit
entrambe	alle beide
eppure	aber
esperienza *f*	Erfahrung
essere *irr* **fortunato**	Glück haben
essere *irr* **impressionato**	beeindruckt sein
facendo	gerade machen (Gerundium von *fare irr*)
fama *f*	Ruhm
famoso	berühmt, bekannt
fede *f*	Ehering
Fermi!	Halt! Stop!
fidanzato *m*	fester Freund, Verlobter
fidarsi di qc.	jmd. trauen
firmare	unterschreiben
forbici *f, pl*	Schere
fosse	wäre (Konjunktiv von *essere irr*)
ϟ **fregarsene**	auf etw. pfeifen, egal sein
frugare	stöbern, kramen
fuori servizio	außer Dienst
gassato	mit Kohlensäure versehen
gelosia *f*	Eifersucht
geloso	eifersüchtig
gioiello *m*	Juwel, Schmuck
giudice *m/f*	Richter
giurare	schwören
grato	dankbar
guarda caso	so ein Zufall
immondizia *f*	Abfall
implicato	verwickelt
ϟ **importare**	*hier:* interessieren
in giro	unterwegs
ϟ **incastrare**	hereinlegen
incidente *m*	Unfall
incolpare	beschuldigen
indagare	ermitteln
indirizzo *m*	Adresse
indolenzito	*hier:* schmerzhaft; gefühllos
infedele	untreu
innamorarsi	sich verlieben
innocente	unschuldig

insanguinato	mit Blut befleckt
intendere *irr*	darunter verstehen
interrogare	befragen
ladro *m*	Dieb
lassativo *m*	Abführmittel
lenzuola *f, pl*	Bettbezug
licenziare	entlassen
litigare	streiten
magari	vielleicht, möglicherweise
maledetto	verdammt
malinteso *m*	Missverständnis
Mani in alto!	Hände hoch!
maniaco *m*	Wahnsinniger
matrimonio *m*	Hochzeit
mentire	lügen
mi/a me pare	mir scheint
Mi raccomando!	Denk daran!
minacciare	bedrohen
minorenne	minderjährig
mollare	loslassen
nascondere *irr*	verstecken, verheimlichen
nascondersi *irr*	sich verstecken
nel senso	im Sinne von
nominare	erwähnen
Non importa.	Das macht nichts.
↯ **non ti importa (di)**	*hier:* macht dir ... nichts aus
non vedere *irr* **l'ora**	es nicht erwarten können
nonna *f*	Oma
notare	bemerken
notizie *f, pl*	Nachrichten
nuora *f*	Schwiegertochter
occhiali *m, pl* **da sole**	Sonnenbrille
odiare	hassen
omicidio *m*	Mord
ora	nun, jetzt
ovunque	überall
parrucchiere *m*	Friseur
partisse	(er/sie/es) abfährt (Konjunktiv von *partire*)
passionale	*hier:* Affekt-
passione *f*	Leidenschaft
patente *f*	Führerschein
paura *f*	Angst
per caso	zufällig
perfino	sogar
pericoloso	gefährlich
pesce *m* **spada**	Schwertfisch
pettinatura *f*	Frisur
pettine *m*	Kamm
Piacere!	Sehr erfreut!
piangere *irr*	weinen
picchiare	schlagen, verprügeln
piuttosto	anstatt, eher
↯ **prendere** *irr* **in giro**	auf den Arm nehmen
prete *m*	Priester
prigione *f*	Gefängnis
Prima *f*	Erstaufführung
procurare	beschaffen
promettere *irr*	versprechen
proprietà *f*	Besitz
proprietario *m*	Besitzer
proprio	genau, gerade
prova *f*	Beweis
↯ **può darsi**	kann sein
raccontare	erzählen
respirare	atmen
ricercato	gesucht
riconoscere *irr*	erkennen
ridicolo	lächerlich

rifiutare	ablehnen
riposare	ausruhen, entspannen
risotto *m* **alla milanese**	Risotto mit Safran
riuscito	gelungen
sacro	heilig
salsiccia *f*	Wurst, *hier:* Name des Hundes
ϟ **Santo cielo!**	Um Himmels Willen!
sarebbe	(er/sie/es) wäre (Konditional von *essere irr*)
saresti immaginato	hättest du gedacht (Konditional von *immaginare*)
scappare	flüchten
scelta *f*	Wahl
schifo *m*	Abscheulichkeit, Ekel
(polizia *f***) scientifica**	Spurensicherung
sconto *m*	Ermäßigung
scoprire *irr*	entdecken
segno *m*	Zeichen
sentirsela di fare *irr* **qc.**	sich etw. (zu)trauen
separato	getrennt
sfilata *f*	Modenschau
sfortunato	erfolglos
sia	(er/sie/es) sei (Konjunktiv von *essere irr*)
simile	ähnlich
sincero	ehrlich
sito *m* **(internet)**	Internetseite
smettere *irr*	aufhören
sognare	träumen
sonnifero *m*	Schlafmittel
ϟ **sono affari suoi**	das ist ihre Sache
sorridere *irr*	lächeln
ϟ **spacciare**	dealen

sparare	(er)schießen
sparito	verschwunden
specchio *m*	Spiegel
spettegolare	klatschen, tratschen
spiegare	erklären
ϟ **staccare**	aufhören, fertig sein
stampella *f*	Krücke
stipendio *m*	Gehalt
strano	komisch
stupendo	bezaubernd, wunderschön
superficiale	oberflächlich
telegiornale *m*	Nachrichtensendung
telenovela *f*	Seifenoper, Serie
temere *irr*	(be)fürchten
tenere *irr* **qc. aggiornato**	jmd. auf dem Laufenden halten
testimone *m/f*	Zeuge
timido	schüchtern
traccia *f*	Spur
traghetto *m*	Schiffsfähre
tramonto *m*	Sonnenuntergang
trattare	behandeln
trattarsi di	sich handeln um
uccidere *irr*	umbringen, ermorden
uccisione *f*	Ermordung
uguale	gleich
uscissimo	(wir) weggegangen sind (Konjunktiv von *uscire irr*)
valere *irr*	Wert sein
vedova *f*	Witwe
veleno *m*	Gift
vergogna *f*	Scham, Schande
violentare	vergewaltigen
zitto	leise
Zitto!	Ruhe!

Spannend Sprachen lernen

Kriminell gut

ISBN 978-3-8174-1657-8

So bunt war Sprachenlernen noch nie!

- spannende Comics für Anfänger
- landestypische Settings, actionreiche Szenen und authentische Sprache
- textbezogene Übungen nach jeder Geschichte
- Vokabelangaben auf jeder Seite
- Infokästen zu Sprache und Grammatik

LERNKRIMI
3 Kurzkrimis

Sola nella notte

A2

Lernlektüre für geübte Anfänger

- 3 spannende Kurzkrimis
- über 50 textbezogene Übungen
- Vokabelangaben auf jeder Seite
- Infokästen zu Sprache und Grammatik
- von muttersprachlichen Autoren verfasst

ISBN 978-3-8174-1814-5

www.lernkrimi.de | www.compactverlag.de